속 깃을 접으며

오름시인선 · 25

속 깃을 접으며

펴낸날 _ 2014년 10월 31일
지은이 _ 구상회
펴낸곳 _ 기획출판 오름
등록번호 _ 동구 제 364-1999-000006호
등록일자 _ 1999년 2월 25일
주소 _ 대전광역시 동구 대전로 815번길 125 2층 (삼성동)
전화 _ 042.637.1486
팩스 _ 042.637.1288
E-mail _ orumplus@hanmail.net

ISBN _ 978-89-90151-56-8

값 8,000원

오름시인선 · 25

속 깃을 접으며

구상회

서시

꿈꾸는 별

꽃밭을 가꾸면서부터
내 가슴 속 푸른 하늘에는
별들이 다가와 안겼느니

그 별들은
제각각 제 나름의 빛깔들로
그 모양새 타고난 천성을 살려
풍성한 꽃 잔치로 어우르니

별 하나에 꽃도 하나
글 꽃으로 하나씩 손길 모아
속가슴에 가꾸어 왔느니

차례

2부 | 나무 숲 속에서

3부 | 황룡고개

4부 | 겨울 정자나무

제 1 부

푸른 키 세우리

초록 눈 봄 볕을

눈트는 초록 잎이
나무 가지 가지마다
아기로 태어나는 그 순간의
초록 눈을 축복이나 하는 듯
스르르 바람결이
가지 새로 스쳐 지나갈 때마다
수줍은 연초록 새순 잎이
눈트며 나부끼고,

거기 키 세우는 나무는
가지마다 양지 볕을 조아려
초록으로 가슴을 펴 세우고

그 둘레로 아이들
여기저기 골목에서 몰려나와
초록 잎과 함께 어우러져
거기도 초록빛 아우성이 한마당
옹기종기 모여 지저귀는 참새처럼
초록을 마구 쪼아 바수듯이
봄볕을 다투어 마시네.

이른 봄날

아지랑이 춤추는
보리밭 푸른 고랑에서
겨우내 묻혀 있던 보리 싹
슬그머니 기지개를 켠다.
잔디밭에 놀던 아이들
제 신명에 겨워 춤을 추고
나무들 벌거숭이 그대로
제 몫을 지키느라
손 시린 바람을 견뎌내며
제 그늘로 푸르게 그려놓은
두터운 내 이불 속에서도
입술이 새파랗게 질렸다가
어느새 흔적 없이 풀어지고
아무린 사타구니 사이로
갠 햇볕이 비집는 데에도
바람기는
쉽게 물러나지 않고
목 시린 체온을 돋우려고
내 추운 가슴 속을 달래며
밤새워 뒤척이고 있다.

새해에

- 말의 해를 맞으며

얼마 만에 만난가
언제나 같은 해지만
올해는 말의 해를 맞으니
쉼 없이 스쳐가는 바람 속
광음은 어김없는 나날로
새 해를 맞이하니
내 그사이 지은 허물들을
마음속에 깊이 뉘우치며
손 모아 빌어 올리느니
어리석고 허물 많은 이 중생들을
당신의 자비로 용서하오시고
제 윗대로 조상님의 명복과
아래로 끝없는 대대손손
자비를 베푸시며
온 가족의 몸과 마음 건강하게 하시고
집안을 화목하게 하시며

더욱 크게 살펴 주시옵기는
이 나라가 더 밝은 나날로만
건실하게 발전하는 나라로
말처럼 거뜬거뜬 뛰어
만사가 형통하게, 임이시여
두루 굽어 살펴 주소서
이 고귀한 새해로 하여
복 되고 건강한 나날이게
길을 밝혀 주소서.

눈꽃을 어르며

겨울이 지나고
봄이 올 차례인데
웬 눈발이 이렇게 날리나
이 나무들 가지마다 거기
눈꽃이 피었는데
이 봄은 눈꽃이 피는 봄인가
하얀 눈꽃 잎이 펄럭이니
아이들은 뛰놀며 좋아라
야! 눈꽃이 피었다!
서로가 손 흔들고 외치며
그 눈발에 어울려
함께 춤을 추어요.

한빛탑 아침 풍경

햇빛 따라 아침은
산에서 들에서 마을에서
나뭇잎처럼 깨어나 설레이고
누구인가 여기
간절하게 소망하며
키 높이 돋우어 서 있느니
꿈 한 아름 가슴에 사리고
하늘을 가리키는 손가락 끝
원추의 꼭대기
서린 빛과 흰 구름이
거기 함께 설레이네.

푸른 키 세우리

시원하게 뻗은 도로 가에
열병처럼 늘어선 가로수
그 사이로 스쳐 지나가는 자동차
그 숨찬 바퀴살에 감기며
짙푸른 숲 그늘로 새겨
쌓이는 이야기들.

저 푸른 나뭇잎들 사이로
바람이 불어올 때마다
들 가득이 어린 정기로 문질러
슬어질 듯 어깨춤을 출렁이는 벼 포기들.

함께 무럭무럭 키 세우며
다 제각각 푸른 숨을 쉬는 아이들
이 언덕을 지켜 배어든
짙푸른 참의 향기
저 너머로 논밭 갈아
두렁을 돋우고

삽괭이로 꿈 다지며
그렇게 들 가득 숨을 쉬는
너와 함께 바라보는 나도
늘 푸른 키 세우리.

내 어린 별들과

가던 길이
어두워 질 때면
내 어린 별들은 어느새
소리 없이 내 앞으로 다가와
응석하듯
눈빛을 반짝이며
속삭이듯
내 귀에 대고는
오늘밤
다 새울 때까지
우리 함께 길동무가 되어서
저 하늘을 거닐며
막힌 속가슴을 풀어놓고
이야기나 하자네.

길 닦기

길은 곧 앞에 있다
가는 길은 내 곁으로
위 아래로 나 있다.

처음은 고샅길이더니
차츰 여명으로 트기 시작하여
마을로 들판으로 바다로 하늘로
그렇게 길은 나있지만,

그게 모두 내 길이 아니더니
가는 길은 하나 한 가닥만
내 앞에 태워지고,

크고 작은 길들이
무수히 널려 있긴 하지만
그 중에 내가 닦은 한 길만이
내 발치에 다 있다.

숨 쉬는 꽃 가슴

계절 따라 피어난
저 산야의 꽃들을 보아라
그 꽃들이 웃는 눈매를 보아라
그 따스한 가슴을 대 보아라.

거기 꽃 이름이 무엇이든
크고 작은 꽃송이 송이마다
그 가슴에 일렁이는 열기로야
어느 뉘 사랑에 견주리오.

계절의 햇빛 머리
시의 씨앗들이 제 바람에
제 나름의 모양새를 뽐내면서
온 산야에 피어남을 보아라.

그 가슴에 풍기는 향기와
그 눈매에 어린 시의 서기를
더 가까이 몸에 붙여 보아라
숨 쉬는 빛 웃음을.

제 길을 찾아서

세상을 나서 보면
하루가 다르게 변하는데
사람들은 제각각 나름대로
제 길을 잘도 간다.

거리로 나서보면
이 세상에 제 길눈이 어두워
어디를 어떻게 가야 할지
가눌 수가 없는데,

길이야 이 세상에
수 없이 널려 있는데
아마도 제 눈이 어두워서
못 보는 게 아닌가?

바로 그 마음의 눈으로
제 기력을 살려서
어두운 눈을 뜨게 하여
제 길을 찾아 간다.

꽃 가슴을 열고

이 세상을 살면서
몸 가누기 힘겹거든
계절 따라 피어나는
저 산야의 꽃송이를 보아라.
그 곁으로 가까이 가서
눈 여겨 잘 보아라.
그들 꽃의 이름이야 무엇이든
제 나름의 모양새를 뽐내며
밝은 빛 웃음을 웃고 있어
피어나는 꽃송이 송이를
저 활짝 웃는 웃음꽃을
그 누가 미워할 수 있을까,

그 어디에 어두운 데가 있는가
그 어디에 찡그린 주름살이 있는가
그 어디에 남 미워한 기색이 있는가
그 언제 남 시기한 적 있던가
그 언제 무엇을 탐낸 적 있던가
그 언제 성내는 적 있던가.

우리의 가슴이 답답할 때
그는 참 고운 것만 보여주는
거기 밝은 웃음이 피어나
제 가슴을 여느니.

사람과 시

시를 쓰는 사람은
곧 시가 돼야 한다지만
이미 시는 사람 안에 있어
그래 시는 거기서 사람이 된다지.

그것은 시인이
시와 함께 숨을 쉬듯이
시인이 함게 울고 웃고 호흡하는
그러한 생기 어린 말씨를
가슴에 품어 안고
온통 목숨으로 피워낸 꽃이라
그의 향기 숨 쉬는 생기를
사람의 가슴에 울려 주어야지.

어차피 사람이란 결국은
제 각각 다른 삶의 몸짓인 걸
곧 그 생각과 느낌과 향기를
사람마다 다르게 풍기느니

거기 시를 쓰는 사람은
시와 함께 호흡해야 하느니

시 각각 사람 각각으로 논다면
그것이야 이미 시가 아닌 걸
시인은 더 아닌 걸 어이랴
이 차마 부끄러워...

길 가의 꽃송이

사람이 가는 데가
아니, 목숨 있는 것 모두
어디로 가고 있는 것일까
그게 곧 자신이 지은 복에
자신이 비는 속가슴에
따라서 가는 길
그것이라
하시니,

하루 내 숲을 노래하는 새나
산야에 피어나는 꽃송이
그 맑은 웃음이야
그 가는 길
어디 어느 극락일까
아니면 살기가 어렵다고 지은 허물
어디로 다 들고 빌어 닦을는지
나의 말과 마음과 행위로
그 과보를 뵐지니,
지금 생각하면 나 자신

평생을 두고 닦고 공들여도
어디 어름이나 할가 부냐
저 나무숲 속에서 노래하는
새들이 부럽지 않은가
길 가의 꽃송이며.

그날의 정오에

어제는 밤 세상이라
어둠 속에 묻혀서
제 노릇도 못해 보고 그저
맥없이 사는가도 싶더니,

새 아침이 열리며
자리 털고 일어나니
그 정오의 뜨거운 햇빛으로
달구어 터지는 만세소리.

그 빛과 소리에,
거기 환한 길이 트이며
사람들은 어둠 속 길을 트고
다 광장에 나서니,

어제는 밤 새도록
어둠 속에 묻혀 살던 그
사람들 다 여기 광장에서
깃발로 휘날리네.

속 가슴을

이 세상에 그는
제게 태인 길을 그대로
거침없이 내 달려 가는데
어쩌다 저 잡티 하나 묻어나
영 돌이킬 수 없는 거기
저 지난 자국을 돌아보며

아쉬운 마음인 채 그는
거기 꿈속을 사리어 지나가 듯
다만 목숨 한 가닥 붙잡고
그냥 지나가야 했느니

제 마음 안 자리를
그 누군가 훔쳐본들 그만
거기 무슨 허물이 있다면야
머 거기에 자리 펴고 손 모아
제 가슴 속 자리를 다독어
지나간 날은 다 지우고
내일을 지어야지

한길로

스스로 뜻을 세워
새 시대를 창조하는 슬기
그런 사람 그런 국가가
한길로
제 갈 길을 세우고
스스로 어려움을 이겨내는
그 강인한 정신과 실천이
뒤 따라야 거기에 비로소
나라가
제 길로 바로 세워가며
나 자신도 세워 성취하는
그런 나라 국민되리니.

아기별을 위해

이제 그걸 잊었나
헐벗고 굶주렸던 지난날
속가슴 움켜쥐고 울던 그때
그걸 이제 모두 잊었는가 말이어.

이 세상의 광음이
수없이 스쳐 지나가는 동안
소리 없이 가슴을 태우며
우리의 부지런한 손발로
살림살이 닦아 세워온 지
그 얼마나 됐는가.

우리네 아기별을 위해서
그 빛깔 밝은 성장의 날을 빌며
오늘밤도 저 하늘을 우러러
가슴을 쓰다듬네.

삼월에 쌓이는 눈

웬일로 이 삼월에
뒤늦게 오는 겨울 천사인가
하루 내 한시도 쉼 없이
하늘에서 쏟아져 내리누나.
천지개벽이나 할 듯이
하얗게 소복한 겨울 나그네들
춤추며 함성을 지르며 내려와서
그리도 수선했던 들 마을을
이 삼월에 하나로 쓰러 덮고 앉아
세상을 다독여 달래는 듯
겨울의 극치에 머무르니
그대로 정적이라.
고대광실 높은 집 쓰레기나
가난한 집 쭈그러진 용마루나
양반네 뒷간의 구린 냄새까지
모조리 하나로 쓸어 덮고
세상을 정제하는 이 벌판에
모처럼 내 님을 맞이하듯
순수의 눈발에 안겨본다.

산수유 꽃

겨울 내내 잠자다
남 먼저 눈터 깨어나니
찬 서리 눈보라도 견뎌내며
죽은 듯 핏기 잃은 가지
그래도 어느새
꽃눈 먼저 틔우더니
그 매정한 겨울을 견뎌온
너의 그 짙푸른 속 생기로
남몰래 꽃길을 닦으면서
새 봄을 일깨우니
속 생기를 품어온 너
사는 맛을 알게 되었으니
꽃이 먼저 피어나길 바라며
잦은 발길 나드는 바람이나
아무도 널 어르지 않아도
남 먼저 노랗게 피어나는
너의 그 작은 꽃잎들이
봄 길목 다지누나.

세상 꽃 피우기

다 같은 피를 타고
한 울안에 함께 태어나니
우리는 한 가족 한 겨레
다 함께 가슴 열고
한 마음 한 몸이 되어
너 나 없이 주고받으며
네니 내니 시비는 가리되
서로 풀고 이해하며
허물없이 어울려 손잡고
푸른 잎을 어르며 웃으며
아픈 날은
꽃향기로 다 날리고
우리는 사철나무 생기로
다 함께 세상을 꽃피워
하나로 세워가세.

제 2 부

나무 숲 속에서

향적봉에 오르다

날씨는 쾌청한 터
아침 일찍 승강기를 타고
그 아래로 푸른 전망을 굽어보며
잠깐 사이 설천봉에 올라왔다.

이제 우리 일행 여섯은
칠십대의 노구를 다 이끌고
이 덕유산 제일봉, 향적봉을 향해
남은 등산길에 오른 것이다.

고산식물들이 욱어진 등산길을
한발 한발 제기는 그 숨소리 하며
한 등선을 넘어설 대마다 허리 펴고
재 보아도 거기는 아니고...

드디어 제일봉인 1614m
허덕이던 숨이 확 트이며
천근 발 무게가 나를 것만 같아
만세를 부르며 환호성들이다.

우리는 저 아래로 엎드린
작은 봉우리며 깨알 같은 집들을
눈 아래로 깔아보고 있는데
갑자기 구름이 발 아래로 걸치더니
잠시 후 걷히면서 또 끼어오고
날씨는 우리를 시기라도 하는 듯
그렇게 변덕을 부린다.

3층 계단에도 허덕이던 병객 아내
그가 이 덕유산 최고봉, 향적봉을
발 제기어 올라섰단 말이다
일행은 모두가 승리자다.

무엇이 이런 힘을 주었을까
누가 시킨다고 이를 해낼 수 있을까
다만 이 덕유산, 자연, 그 절경 덕에
저도 몰래 힘이 솟아난 게 아닌가
그래, 내 자신을 돌아본다.

햇빛 아래

하나의 햇빛 아래
이 땅을 짚고 살아가는
이 세상을 숨쉬는 사람들
아니, 여기 숨쉬는 모든 것들은
계절의 변화 속에 젖어
제 각기 생긴 대로
제 나름의 길을 따라
살아가기 마련인 걸.
아무리 몸부림 쳐 보아도
제 타고난 자리를 벗어나지 못하고
때가 되면 가야 하는 그 운명을
거역할 수 없는 한 길이라
빛 고운 자국 하나라도
어딘가 남길는지.

산 강을 가꾸기

우리의 일상에서
쉽게 느낄 수 없는 것이
우리도 자연 속에 숨쉬고 있다는
그 엄연한 사실이 아닌가.
그래서 흔히 들
자연을 거역하는 것이야
사람이 당연한 제 권리인 양 여기면서
오만해진 것이 우리 사람이 아닌가,
애초에 산과 강은
서로 돕는 상관관계랄까
그리고 인간의 생명이란 것이 곧
자연의 생명 안에서 숨 쉬나니
그 자연이 죽으면 따라서 죽을 수밖에 없는
인간은 곧 그런 숙명적 존재임을
참으로 깨닫는다 한다면,
결국에 우리의 산, 강은
더 건강하고 융성할 것이며
그것이 우리 자신의 건강과 직결되어
참 행복을 약속하는 것일 텐데.

이제라도

요즈음 세상에는
과학이 발달하여 거기
사람 살기 편리만을 취하다
자연을 헐어 지배하며
하늘을 거역하는 오늘날
사람들은 어디로 가는 건지

이대로는 내일 길이 어두워
우리가 걸어온 길 내력에
속병이 들어온 세상살이 하며
내 숨길을 거울에 비추어 보면서
도리켜서 생각해 볼 때에
그 동안 분별 없는 처사에
나도 몰래 휩쓸려졌느니
우선 단맛에만 휩쓸려지는 걸
스스로 사무치게 뉘우치고

쓴 맛으로 참고 깨우쳐서
사람이 자연에 어울려 사는
새 길을 닦아야지.

구천동 계곡에서

푸른 산 나무숲
유리 속처럼 맑은 개울물에
땀 절은 양말을 벗어 던지고
지친 발을 담그고 있다.

선뜻, 차가운 몸서리
먼저 긴 내 머리 끝에 치밀어
구석구석 일시에 씻어내 듯
생각은 깨끗이 사라지고,

그 신선한 물 솔기를 따라
돌에 부딪치며 흐르는 물소리
새 소리, 매미 소리와

거기 무슨 벌레 소리까지
다 함께 어울려져 그냥
이 산의 숨소리를 듣는다.

돌의 사연

맨 처음 하늘이
이 땅을 빚어 낼 때
아무런 뜻도 정 도 없이
마련한 것이야 아니련만,
너는 어이하여 이리 생겼는지
그 마지막 혼으로 뭉쳐
굳어진 속내를
누가 짐작이나 할 수 있을까
하물며 우리 범부들이야
누구라 재 볼 수나 있을까
차라리 너 이 땅에
네 멋에 겨운 사랑으로 굳어
그 자리에 놓인 채 그대로
그 생김새 그대로…

황룡재에 올라서

황룡고개 마루턱
이 너머가 궁금하면
여기에 올라서서 보라
황산벌 저 넓은 곳으로
내 가슴이 환하게 트이느니
한눈에 들어오는 마을들
들 끝에 가물가물,
서해가 또 눈앞에 다가와서
어른거리는 것을 보아라.
그대(너와) 함께 부르던
그 노래는 바람을 휘어 타고
말 밖으로 튀어나온
낯 익은 가락이 춤을 추며
더 깊은 골짜기를 딛고
메아리쳐 오누나.

나무 숲 속에서

봄이면 눈이 터 자라고
여름은 푸른 생기 무성하되
겨울이면 지난 계절 익혀온 꿈
형형색색 품어내다
겨울이면 제 목숨의 고향인
흙으로 돌아가지 않는가.

계절이 그렇게 지나가 듯
나의 나뭇잎도 봄날의 눈터 나던 생기와
여름 한철 무성하게 뻗어나던 그 활기는 어느덧 지나가고
아쉬운 추억만 울긋불긋 꿈의 껍데기로 새겨 놓지 않았는가.

이제 내 앞으로
오솔길만 선 발치에 닿아있으니
내 새삼 지난 날의 회한에 목이 메어
때도 없이 흐느끼는 영혼인가.
그립고 아쉬움만 가슴 속 밀물로 밀려오는

그 자리에 나뭇잎은 핏기를 잃어가고
우리의 애환이 서리는데
내 거기 아직도 매달려
꿈을 꾸고 있는가.

차라리 무렴해서

네가 머 얼마나 아파서
멀쩡한 채 이렇게 나다니고
제 구실 다 하는 것 같은데,

하기야 이 속내를 어찌 남이
얼마나 헤아릴 수 있을까
그럴 때 난감한 내 처지를
어떻게 설명해야 할지 몰라

손발을 움직여 다니면서
일상 남모르게 괴롭기는 해도
겉으로 보이는 신색은 멀쩡한데...
무얼 그리 엄살을 떨고 있나?
속을 펴 보일 수도 없고
난 무어라 대꾸할 말이 없어

어느새 늙은 것이 서러워지다가도
돌이켜 생각하면 이 나이에 머
남몰래 가슴을 움켜쥐고
얼굴만 붉힌다네.

강물은 강물대로

이 누가 지은 허물인가
사람이 배설한 쓰레기가
대기의 오존층에 구멍을 낸다니
거기 제 목숨이 새는 것을...

이거 무슨 이변인가
어디는 때 아닌 억수가 쏟아져서
수많은 목숨들을 앗아가고
어디는 비 한 방울 없는 불볕,
백성들은 목이 타 쓰러지고
거기에 가슴은 마비된 채
자못 땅 덩이가 허둥대고 있다.

이글어진 강가에 서성이던
마을 사람들은 뒤 늦게야
서둘러 손을 써 보아도
거기 속수무책, 넋 놓고
빈 하늘만 바라보고 있지만
그래도 저 강물은 변함 없이
제 길을 따라 흘러간다.

숲 속의 나뭇잎

봄이면 눈이 터 자라고
여름은 푸른 생기 무성하되
가을은 지난 계절 익혀온 꿈 허울을
가지가지 색깔로 품어 내다 곧
겨울이면 제 목숨의 고향인 제
흙으로 돌아가지 않는가.

계절이 그렇게 지나가듯
나의 나뭇잎도 봄날의 눈 터나던 생기와
여름 한철 무성하게 뻗어나던
그 활기는 어느덧 지나가고
아쉬운 추억만 울긋불긋
꿈의 껍데기로 새겨놓고 가지 않나.

이제 내 앞으로 놓인 것
오솔길만 선 발치에 닿아 있느니
내 새삼 지난날의 회한에 목이 메어
때도 없이 흐느끼는 영혼인가
그립고 아쉬움만 가슴 속

밀물로 밀려오는 그 자리에
나뭇잎은 핏기를 잃어가고
우리의 애환이 서리는데
내 거기 매달려 아직도
선 꿈을 꾸고 있는가.

바다의 변주곡

바다에 폭풍우가 몰아쳐
어부들을 마구 위협하고 있다.
그 바다 속에는 물고기들 차라리
조금도 무서울 것 없네.

파도 높은 폭풍이
온 바다를 휩쓸고 지나가면
함박으로 퍼붓는 빗줄기로
온 세상을 뒤엎어 처 부수는 경황에

뱃속의 사람들이
무서워 떨고 있을 즈음,
물고기들 그 거친 물속에서
그 파도를 타고 좋다고 노니느니.

어부들 손발 놓고
하늘만 원망하는 사이에,
물속은 온통 축제가 벌어진 걸
아무도 알 리가 없느니.

내 지난 흔적들

세상은 넓디넓고
사람의 몸은 미미한데
제 몸이 망가짐을 모르는 채
겉만 멀쩡하게 가꾸기에 팔려
부질없이 갈팡질팡하다가
어느새 스쳐간 날빛인가
나 자신을 모르고 지나간 걸
아쉬워 울먹이며
다 지나간 뒤로 서서
자신이 낸 자국을 돌아보며
그런대로 다가온 오늘을 꾸리는
내 어린 사람인 걸
여기 이 흔적 저기 저 자국을
지우기는 쉽지 않은 걸
제 속에 불타는 불 씨앗을
미련 없이 버리기 전에는.

숨 쉬는 숲

여기 산 마을에
생기어린 숲이 감싸 안고
사람들이 푸른 숨쉬는
안 가슴을 어르며
거기 푸른 숲 속의 풀벌레
낮에는 소리 없이 풀섶을 더듬어
햇빛 아래 제 숨을 고르고
밤이나, 비가 온 뒤
그늘을 달래면서
마음 놓고 여기저기에서
제 사랑을 부르는 노래인지
달빛을 반기는 웃음인지
세상이 괴로운 울음인지
이 푸른 숲의 생기
숨 쉬는 산이네.

나들이 길에서

구미 시 근방의
유적 명소 들려서
정오 무렵 금오산에 오르다
이 산성 숲 속으로 스쳐오는
맑고 소슬한 바람결이 그대로
도시의 일상에서 끼어온 먼지를
흔적 없이 말끔히 씻어내듯
온 가슴을 비우고
이 산에 오르다가 거기
계곡의 맑은 물에 마음 씻고
근방의 절에 먼저 들려서
대웅전 부처님께 참배하고
절을 지나 산에 오르면서
청정한 숲의 숨 마시며
대혜폭포 앞에서
길은 멈춰 섰지.
나는 이 청정에 빠져서
점심 들 시간마저 잊고는
한참을 꿈속에 잠긴 듯
넉 놓고 서 있었지.

이런 동네

사람들은 흔히들
법이란 걸 두려워 하지만
우리가 참 두려워할 것은 바로
그 법이 없는 세상일시.

누가 법을 납치해
그 법을 넘어서 행사해도
아무도 가랠 수가 없는 동네라면
아 어느 장단에 춤을 출까.

여보게! 이 사람아
언제는 법이 없어 두렵고
언제는 법이 있어 괴로울 양이면

차라리 다 놔두고
친구들과 텃밭이나 가꾸며
때 없이 흥얼거릴 밖에.

독도에 부치면서

우리 땅 독도를
일본이 제 땅이라 하더니
이제는 교과서에 실려서
그 탐심을 끝내 못 버리고
어린 학생부터 세뇌시켜
대낮에 남의 집 물건 훔쳐가듯
지난날의 근성을 들어내니
번연이 우리 땅인 것을
마치 제 것인 양
남의 것 약탈하는 셈이니,
차마 이럴 수가 있을까.

일찍이 문헌상에 명시한
'신라장군 이사부'의 기록이며
'세종실록 지리지' '고려사 지리지'며
'신 동국여지승람' 등 옛 문헌에서까지도
'맑은 날 울릉도서 독도를 볼 수 있다'는
그 기록이 등장하는 것을 보아도
우리 조상 대대로 그렇게

가까운 우리 국토인 걸!
가진 괴변 이설을 늘어놓고
억지로 턱도 없는 떼를 쓰며
사실을 부정하려 부리대고 있느니
무슨 야욕 꿍꿍이속이라도 있는가?
아직도 침략 근성 못 버렸나.

엄연한 우리 땅을
우리가 그냥 내 주겠나.
옛날에 당하던 그 치욕을
우리 절치부심하며 참아오고 있거늘
아예, 이번 독도는 얼씬도 못하리니
너의 그 흑심을 깨끗이 거두고
새 나라로 거듭나게 하라.

처음부터 야욕을 거두면
너의 그 싹싹하던 모습이
얼마나 아름답게 비칠 겐가
그 하치않은 남의 것 빼앗아 먹어봐야

그까짓 것 너의 그 커다란 등치에
얼마나 살로 갈 것인가 말이다
소탐대실 하지 말고 아예
어서 손발 빼고 제자리로
새 마음 가다듬어
너의 백성들을 다독여 세우고
세계 온 인류에 기여하는
슬기를 발휘하여 우리 함께
발맞춤이 어떨까.

간척지

서산 땅 앞 바다로
넓은 저 바다를 밀어내고
수 만평 농지로 갈아내니
거기 바다만큼 넓은 땅.
상한 갯벌이며
뭉개진 어패류들 터전의
저 벽해가 상전이 된 원망을
얼마만큼 달래줄 수가 있을까

그 바다를 누비며 캐 먹던
그들은 지금 어디 가고
벼 베고 남아 있는 그루 만
누런 바닥을 깔고 앉아
지난 날을 되새겨 머금은 흔적으로
신화처럼 전해오는 그 사연들을
자랑처럼 그냥 우겨대며
어디 감히 도전한다 했는가.

이 위대한 대자연 앞에서
하치않은 사람의 지혜와
알량한 기계의 힘, 그것을 들어
과시라도 하는 듯,
까마득한 들판에 펼쳐 논
이 오만한 간척지
a지구, b지구,

사람은 보이지도 않고
저 멀리 수로 한 모퉁이
아직 남은 포클레인 계발이
빈 들을 찍어내고 있다.

길은 외로워도

그 누가 말했던가
인생은 그 허울에 한이 있고
속으로 울이어 밴 무형의 혼은
시공을 넘나들고 있다고.

그 누가 마련했나
제 육신은 꽃으로 피웠다가
언젠가 시들어 흙으로 돌아가고
발자취만 남아서 말하는 걸.

태어나는 기쁨 속
떠나야 할 숙명을 우리는
다 함께 타고난 세상 사람이라
애초에 외로운 나그넨 걸.

길이나 곱게 닦아 놓고
미련 없이 떠날 수가 있다면
여보게, 이별인들 그리 서러울까
애초에 온 길이 외로운 걸.

구름 낀 세상에

생명이 자연에 매었는데
자연이 인간을 품에 안고 있는데
지금의 이 처지는 어떠한지
인간이 자연을 거역하지 않는가
그러니 지구의 생태계가 병을 앓고
오존층이 무너져 대종 없이 더워지니
그중에 사람의 먹새는 더 늘어나
밥그릇의 절대량이 부족하고
거기에 먹을 물이 문제될 판인데,

세상의 한편에선
전쟁 대비 핵무기를 개발
인간의 목숨을 겨루기 혈안이 되고 있어
언제나 무엇이 금방 터질 것도 같은데
그러니 한걸음만 뒤로 물러서서
업장을 녹이고 갠 마음이 돼야지
이대로는 길을 찾을 수가 없어
구름을 거두고 햇빛이나
환하게 밝혀야지.

가로수의 정으로

저 들에 부는 바람은
숨결 푸른 나뭇잎을 업고
마을을 달래어 언덕을 스치며
저 들 끝에 이내 낀 산마을
거기 꿈속이듯 눈 비비며
우리 집 앞턱을 짚고 보면
저 푸른 정기를 이어 받아
푸른 들, 푸른 길로 닦고
가로수의 푸른 기운으로 하여
사방에 벋어갈 길을 닦아
힘차게 제기어 나아갈 내일을
이 푸른 가로수의 기를 입어
늘 푸른 정으로 숨쉬는
여기 이 푸른 숲 속에서
숨 쉬는 나도 함께 거기
푸르게 세워 가리.

제 3 부

황룡고개

길은 나 있는데

길이 머 따로 있나
사람이나 짐승 벌레들까지도
살아가는 길은 다 있기 마련인 걸
밤길을 가다가 등불이 꺼지면 길이 안보일 뿐

사람이 사는 세상
그 속에 들어가서 함께
어우러져 그냥 부딪치며
거기서 길을 찾을 것이지

길이 어디 먼 데 따로 있나
어디에도 길은 나 있는데
다만 나의 눈이 어두워서
못 보는 탓인 것을.

속 깃을 접으며

나 오늘
여기까지 오면서
지나온 길이 어이한지
그것이 아쉬워 아쉬워서
거기 뒤를 보아도 뒤 돌아 보아도
돌이킬 수 없어 하느니
그것은
아쉬운 것이라 아쉬워도
그 이미 지나가고
앞으로 갈 길을 가누며
더는 내 아쉬움 없는 길로 하여
설은 내 마음 안 쪽을 찾아
조용히 자리 펴 달래면서
거기 내 속 깃을 더듬어
가슴에 접으리니.

황룡고개

하루 내 햇덩이가
그리도 뜨겁게 우리더니
어느덧 마지막 고별사로
눈부시게 몸부림치다가
온 하늘을 노을로 불태우며
넘어가던 황룡고개
마루턱에 오르면
거기 서쪽으로 활짝 트인 시야에
곧 넓디넓은 들판이 펼쳐지며
연산 땅을 발 아래로 깔고
저 멀리 서해바다
거기 하늘 한 자락 끝으로
가물가물 기울여 보면서
내 젊은 날의 꿈을
제기어도 보았지.

귀가 길에

이 외로운 사람아
지금까지 걸어온 길 어디
마음 두고 온 거기는 없는가
아니 마음 두고 온 그것은 없는가

어제 오늘 내일이
멈춰서는 법이 없는 채
인정사정 없이 지나가는데 너는
어느 하늘 아래 허둥대고 있느냐

오늘도 하루의 끝자락에 서서
해는 서산으로 기우는데
너는 어디 무엇에 그리 깊이 팔려
네 마음을 걸어두고 있는지

설은 육신 뭉개지는 것이야
어차피 다 뭉개져 나가 버릴 것
거기에 집착할 것 없이
속이나 편해야지.

고향의 서낭나무

계절 너머 고향은
언제나 봄, 따스한 품이라
생기 찬 체온이 감도느니
어디만큼 왔을까
굽이진 자국을 돌아보면 거기
자국만큼 비탈진 굽이굽이
제기어 다시 거기 바라보며
그 너머로 고개를 재끼면
푸른 들로 가슴이 트이느니

오늘은 이 높은 재 어름에서
나드는 흰 구름만 바라보며
그림자로 지나가는 길목에서
되짚어 돌아오지 않는 바람은
아직도 검푸른 바위서리
그 곁에 이 늙은 서낭나무
거기 늘 지켜 서 있다.

길목마다 햇살은

남새밭 한 모퉁이
귀뚜리가 울대를 튕기더니
목을 풀은 가을 햇살이
코스모스 함성처럼 다투어
여린 내 입술 새로 머물다
길손처럼 스쳐 지나간다
실목을 풀고 선 코스모스
그 목청 가녀림이
무더기로 쓸리는 하늘 가
구름은 멀리만 흘러가고
길목마다 햇살은
실목을 돋우어 세우고
어딘가 떠날 준비를 하고 있다

마을 앞 정자나무

늘 제자리 지키며
마을을 감싸 안고 서서
이 쓸쓸한 늦가을 벌판에
차라리 옷을 벗고 거기
차가운 서릿발을 견뎌 내며
늘 제자리 지켜 서 있다.

더 밝은 내일을 위하여
그 서슬이 시퍼런 바람도
온 몸으로 쓸어안고
늘 내일을 위하여 거기
꿈꾸며 견디는 마을 앞에
서 있는 정자나무.

계절을 숨쉬며

나의 창턱으로
아침은 늘 푸르게
환히 트인 들을 내다본다.

바람은 저 광석들을 지나
잎 푸른 숨소리를 싣고
여기 석성 푸른 언덕을 스치며
나의 창 커튼에 와서 놀고,

높고 낮은 산등성
파도처럼 출렁이는 그 너머에
아스라이 이내 긴 대둔산
꿈속으로 눈 부비고,

그 푸른 정기를 받아 온
나의 창 앞턱으로 십자거리
거기 곧 발 제기어 다지는
가로수는 제 키를 세운다.

서낭당

나 어린 시절에
구소고개 고갯마루에
나무하나 서 있고
그 둘레로는 돌무더기
지금은 시골도 많이 변해
언제 누가 없앴는지
오늘은 고갯길도 넓어지고
거기 나무와 돌무더기까지 없어져
그 길은 차가 넘나들고 있지만,

그때 그 고갯길을 넘나들 때마다
거기 돌 하나씩 던지면서
속으로 간절한 소망 하나씩
빌어 올리었지
그때의 그 정성이
문득 생각나는 때가 있어
어쩌면 그 소박한 정이
요즈음 세정에 비추어서
더 절실해 지는 것이
무슨 까닭인지.

요즈음 세상사

오늘날 살아가는
내 뒷자리 한번쯤 살펴보세.
옛적 그때 그 시절은 매양 끼니 걱정뿐이더니
살만해진 오늘, 먹다 남은 음식, 쓰다 버린 살이
아무데나 버리는 그 비대한 뒷자리를 살펴보세.
그게 온 세상을 휘저을 때
산 강이 병들고
흙마저 속병 들면
나무는 어디로 뿌리를 내릴지
땅속으로 스며드는 오염물질
그게 온 세상을 병들게 하느니
겉으로 든 병이야 고사하고
정작 속병까지 드는 줄을 몰라
우리 모두
제자리나 한번 쯤
돌아보고 떠나지 않겠는가.
돌아온 제 고향을 해패한 죄
그것은 무엇으로 갚을는지.

낙조에 불태우세

빌딩의 숲 속에는
생령들이 우글우글
온 거리를 떼 없이 메우며
나날이 낮 설은 물결들로
추스르기 어려운 나날인데
사람들은 제 앞만 세우기에
분주한 나날을 보내며
발길을 돋우어 봐도 거기
마땅한 자리 하나 없고
바람은 바람대로 불어
발길도 짚어가기 힘겨운데
이 난국을 맞이한 우리는
가슴 풀고 허물없이 어울려
뒷동산 숲 속으로 안겨서
모든 한과 설움 휩쓸어
낙조에 불태우세.

지나온 길

이 세상을 살면서
놓치는 것들이 그
어찌 한두 가지 만이랴
지나온 길, 거기 돌아보면
더 밝고 넓은 길이 있는 것을
그때는 보이지 않았는지
무엇이 가려선가

어쩌면 비껴온
그 길이 더 좋아 보여서
아쉬워 가슴 내려 보아도
기왕에 날 스쳐 지난 길이라
그것을 뉘우친 바로 그때
내 눈 귀로 또다시 다듬어
더 밝고 바른 길로 하여
새 길을 세워야지.

늘 꽃피는 정원

한번 왔다 가는 길
길고 짧고 머무르는 동안은
수 없이 꿈을 꾸며 몸 부리며
정원에 피어나는 수많은 꽃처럼
크고 작고 형형색색　뽐내면서
제각각 드러낸 행색들을
하나하나 새겨 논 그 흔적들을
이 아늑한 전당을 지어서
그 맵시 모양새로 차려놓았으니
바로 이 '한국인장박물관'
여기 인장 하나 하나에
별빛도 하나씩 함께 새겨
영원한 빛으로 밝혀놓으니
사람은 비록 이 세상을 떠나도
이 정원에 피어나는 꽃송이 송이
저 마다 그 생기 푸른 꿈을 안고
후세에 영원한 빛으로 전하며
끊임없는 나날로 제 모습 지켜
변함없이 제 자리를 세우니

어차피 한번 가는 인생길
거기 배인 혼은 남아서
영원히 빛나리니.

가슴 펴고

자 이제 가슴 펴세
지난 날 고달팠던 허울
모두 다 훨훨 벗어 던지고
가슴 속에 끼어있던 티끌도
말끔히 씻어버리고
오랫동안 꿈꾸었던 우리
그 가슴을 활짝 펴보세.

세월호의 아픔이 아직은
다 가시진 않아 서운해도
그 억울한 원혼의 명복과
유족 분들 밝은 나날로
함께 열어가는 길을 위해
우리 몸과 마음 다 해야지.

지금 살기 어렵다 하지만
옛날의 가난 속에 허덕이던
그러한 고난에야
어디 견줄 수나 있을까.

나날이 새 마음 다듬어
양지 우린 생기를 받아서
더 밝고 건강한 나날로만
웃으며 일하는 삶으로
보람을 지어가세.

속 태우는 계절

이 계절 나뭇잎들
지난 계절 내내 익히며
그 눈매로 숨쉬어 온 목숨을
나무 가지 끝에 매달고
가슴 속에 품어온
그 푸른 꿈
거기 그 언저리 어른대며
목말라 허위허위 지친 목숨인데
아직도 산야에는 초목군생 저마다
허기진 그 허울을 꿈과 함께
품어내지 못한 채 시드는
그것은, 이 가을이 맥없이
속 타는 지도 몰라.

정 푸른 보문산

그 푸른 이마 위로
하늘을 떠 문질러 숨쉬며
제 품으로 잉태한 목숨들을
타고난 제 직성에 따라
초록으로 생기를 불어넣어
키 세워 손도 보며

이 한밭 고을을 쓸어안고
소리 없이 속삭이는 안개와
초록으로 햇빛을 사려 안고
그 속으로 숨 쉬는 그림자만
이 산을 때 없이 오락가락
세월을 가누어 다독이며

이 산을 감싸 안고
그 푸른 이마 위로 서린
저 진초록 생기를 돋우어
제 목숨의 숲을 껴안고
이 고을을 생기로 세우며
더 푸른 숨을 쉬네.

꿈

아, 오늘은
유난히 밝은 별들
여기, 너와 함께 본다니,

그것은 참 숨쉬는 생기일시

거기, 꿈 너머 꿈이여
너와 함께 보게 된
빛, 별이여.

말씀의 씨

사람이 존귀함은
말하는 존재이기 때문이라는데
사람의 말이 지닌 생명이나
사람의 생명이 같을진대
말에도 뼈와 살이 있어
거기 묘한 기와 조화를 부리니
천하에 생기를 불어넣어 밝은 빛을 내기도
말 속에 가시나 독기를 품을 수도 있어
바로 그 형체 없는 말이란 게
사람을 죽이고 살리는 걸.
사람이 말을 짓되
말에 죽고 사는 세상사
말의 묘한 조화 속에 있는데,
어쩌면 말이 되고
어쩌면 말이 아녀, 그래도
누구는 철없는 아이들 귀를 달래
그럴싸한 말로 둘러 붙여 우기는 걸.
그래 이걸 어찌할 것인가
그 뒤는 무엇이 올거나
그걸 물어 무엇 해.

모진 목숨 짊고

이 마당 내 한판을
내 분에 걸맞는 가락으로
그냥 참고 넘어가려 했지만
위아래로 너무 많이 터지다보니,
창밖의 까치가 깝신대며 지저귀는 소리도
TV에서 사람들이 춤추며 노래하는 소리도
세상 살기 좋아진다면서 떠벌리며
무슨 통계 숫자들을 내걸고 호들갑을 떠는데도
그런 정황 나에겐 아무것도 안겨오지 않는다.
다만 지금 나의 몸이 원체 억울하게 당해온 터
무엇을 어떻게 대처해야 할지,
이 생각에 골몰하다 보니
내 모든 관심사도 밖으로 밀려난 걸
바로 이걸 나도 어찌할 수 없어
그거 머 조금 더 살려고, 주책 없이
주사바늘 꽂고 몇 시간씩 누었다가 일어나니
몸은 탈진하다 회복되어 다소 가벼워졌지만
거기 따른 마음은 천근 무겁기만 하니,
얼마나 더 세워갈 수 있을지
일어서 남은 길을 재보네.

거리에 나서면

거리에 나서 보면
어깨들이 가볍게 출렁이다
저녁 때 돌아가는 길은
축 늘어진 옷자락.

거리마다 제 이름을 내 걸고
함께 해도 사람은 외로워
겹치는 발자국을 밟다가
제 자리로 돌아가.

아침에 나서면
세상은 내가 없고
저녁에 돌아가는 길에는
곧 그가 없는 자리

거리를 가다 보면
하루가 멀다고 변하는데
그래도 사람들은 어김없이
제 길을 따라 간다.

제 이름 세우기

우리 가슴 속을 비우고
다 함께 머리를 맞대어
지나온 길 내력을 살펴 보세
내 알게 모르게 지어온 허물은
그 얼마나 지어왔나
그것을 깨우칠 수 있어야
제 자식도 익은 사람으로 세워
세상 길을 제 발로 바르게 가라고
본보기를 보여 주어야지
그러나
내일의 세상 일을 누가 알아
제 몸을 튼튼하게 할 수 밖에
아무리 센 누구라도 이겨내는
그렇게 대가 실한 나무로 길러서
제 뿌리를 감싸 안고 언제나
그 생기를 돋우어 자라나게
제각기 제 열매들로
무르익은 모양새를 갖추고
그렇게 제 이름을 추슬러
제 길로 세워야지.

제 4 부

겨울 정자나무

제 자국을

제 몸이 망가짐을 모르고
겉치레만 가꾸기에 눈이 팔려
부질없이 갈팡질팡 하다가
어느새 스쳐간 날빛인가

이제야 문득
내 자신이 살아온 걸
아쉬워 속가슴 울먹이며
여기 다 지나간 뒤로 서서
제가 낸 자국을 돌아보며
그런대로 꾸려온 오늘을 추슬러
제 어설픈 사람의 티를 내며
여기 걸어온 자국을 지우고
저기 부끄러운 제 흔적을
이제 와 지워보려 하지만

그게 쉽게 지워지지 않는 걸
제 속에 불타는 불 씨앗을
다 털어 버리기 전에는.

새 비상을 위하여

머리는 하늘을 떠서 이고
어디 잡티라도 묻을세라
제 앉을 자리마저 가리는
그 몸매의 정갈함
매양 높은 소나무가 아니면
푸른 논밭 정한 자리 아니면
깃을 접지 않는 지조
그 속가슴 푸르기만 닮아
언제나 조용히 운신해도
그 내면에 찬 예지의 벌판을
누가 헤아릴 수 있을까
푸르른 꿈 하늘을 조아려
그 우아한 지조로는
때 설은 양반 골 선비라
이제사 비상을 예비하며
그 길목에 남은 해 아직도
그림자는 밖으로 머물러 있나니
내일은 더 푸른 하늘을 향해
긴 목을 앞세우고 훨훨
하얀 날개깃을 펴리니,

눈 위의 발자국

간밤에 내린 눈이
온 세상을 쓸어 정복하듯
하얗게 다스려 놓으니
눈 위에 길이 나고,

오늘 아침 출근길
앞서간 사람들 발자국에
내 발자국이 함게 겹치면서
바람도 지나가니…

어느덧 아침 해는
빈 하늘에 훤히 떠오르며
온 세상을 햇빛이 밝히면서
거기 발자국은 곧 지워져

사라진 그 숫한 발자국을
어디가 찾을 수 있을까
내 자국도 함께 거기
사라진 그 흔적을.

님 가신 날 밤에

새벽 3시 전화-
'어머님 위급하심…'
잠시 후 다시 전화 소리-
'어머님이 기어이 돌아가셨어요!'
갑자기 머리를 돌에 맞아
그냥 눈이 핑 돌면서
내 앞이 캄캄하다.

이 적막한 공간에
간신히 정신을 가다듬고
살얼음을 디디는 이 정황에
헤아릴 수 없는 깊은 밤
기차는 시간이 멀리 있고
버스는 더구나 첫차도 멀어서
어둠에 밀려 묻힌 작은 가슴 속에
내 영혼을 끌어안고 조용히 달래면서
날 새기를 기다리고 있지만
어이 이리 더딘 밤이냐.

발을 굴러 보지만
조바심만 가슴을 두드릴 뿐
밤은 내내 더디게 기어서
언제 샐지 길은 더욱 캄캄한데
종신하긴 이미 늦었지만 그래도
어머님의 체온이 식기 전에
뵈올 수나 있을지.

길 가누며

이 땅으로
햇빛을 받아 입고
생기의 숨을 쉬며
사람들은
땅 짚고 일어나
목숨을 세우는데
언제부터인가
사람이 땅을 헐고
물길을 막아 이용하는 등
먼 훗날은 살펴볼 새도 없이
당장 코앞 편리만을 위해
하늘을 거역하는 요즈음
사람들은 어디로…
이대로는
내일 길이 안보이니
이제라도 속병 든 세상을
사람들이 새겨 뉘우치며
그 허물들을 딛고
갈 길을 가누며.

눈에 밟힌 눈매

아무 것도 모른 채
천진한 제 목숨 그대로
이 세상에 태어난 고놈의
그 까만 눈동자와 맑은 눈매.
할머니 등에 업혀서
여기 저기 두리번거리며
세상이 신기한 듯 바라보던
그때 그 보얀 볼이며 동그란 눈.
그 어린 것에게 무슨 허물 있어
병마로 시달리고 있다니
이는 진정 나 어버이 허물인 걸
제 딴에는 얼마나 괴롭고 아팠을까
그 아픔, 말 못해 울기만 하더니
애원하듯 눈물을 글썽이던
그때 그 놈의 고 눈동자 눈매가
어쩌자고 지금도 이렇게
내 눈에 밟히는가.

꿈결로 스쳐가

이 무어라 말하라
무한대한 우주의 공간에
이 무수한 생명의 조화 속을
아무나 이름 할 수 없어
다만 우리 그냥 여기에
말씀과 형상과 바람으로
아무리 큰 그림을 그려봐도
저 참새들 깃털이
내 창가에 스쳐 지나가듯
그렇게 꿈결로 스쳐간
한 낱의 티끌인 걸.

순이야

순이야, 너 오늘은
그 매운 일손을 놓아두고
가슴을 앓고 있던 임을 따라
보란 듯 시집가는 순이야

어린 시절 어배를 여의고
부모 사랑이나 세상 물정 모른 채
남의 집에 얹히어 식모로 살면서
너 하나로 외롭게 떠돌더니,

어느덧 열아홉
철부지 순정인 채 오늘은
동네방네 들썩들썩 휘젓고 싶은
네 즐거운 날이거니 순이야

그래도 너 여기 세상에
모진 목숨 가슴으로 움켜쥐고
한 모퉁이 끼어 참고 살다 보니
이런 날도 있지 않느냐.

사람의 눈 닦기

이 세상 사람의 눈
하나는 세상과 남을 보고
또 하나는 나를 돌아보는 눈
겉으로 보는 육신의 눈보다
내 영혼의 눈을 떠야지
나 외에 보이는 모든 상과
안 보이는 내 속을 가누어
안팎으로 비쳐진 참 모습에 따라
제게 태인 길을 따라 가라고
그렇게 점지하셨지만
오늘날의 세상은
길마저 사람의 티끌에 흐려져
사람들이 간혹 그걸 못 가누어
제 길을 허둥지둥 하다가
거기 해는 기울어 가는데
내 참으로 볼 눈길은
언제 닦아 갈는지.

우리네 가는 길

서두를 필요 없다
우리네 가는 길은 여보게
그거 이미 정해진 길인걸
그러나 저 어디에 눈 팔라
그 곁의 돌부리에
네 발길이 채일라.

그러기에
나는 나의 길을 잘 고누어
조심스레 가는 중인데
이 봄을 울어대는 저기 저
뻐꾹새 소리에 귀 팔리며
여기 꽃들이 웃으며 환호하니
이 또한 눈에 안겨
가는 길은 길망정 여기
길가의 순정에 못 이겨
이리 늦은 길이네.

겨울 정자나무

늘 제자리 지키며
먼 추억과 오늘의 이 발길
쓸쓸한 이 겨울 벌판에
벗은 옷 발치에 깔아놓고
다가올 봄 논밭을 바라보며
그 차가운 눈서리를 견뎌내고
거기 제 자리를 지키느니

걸림 없는 내일을 세워가기 위해
그 서슬이 시퍼런 바람도 그냥
온 몸으로 받아 이겨내며
이 겨울을 색이어 참아 온 거기

아직도 내일을 꿈꾸며
잠자는 여기 마을 앞에
나무 하나 서 있다.

이제 길을 터야지

광음이 스쳐간 지
수십 성상 지나는 사이에
수 없는 곡절을 겪으면서
그 서럽고 괴로운 굽이굽이
지난날의 발치에 남은 흔적들
그 어리석은 자국을 헤아리며,
그 끈질긴 목숨으로 지켜온 지
한 갑자를 넘어서 십 년을
이제 여기 우리는
희수를 마지하게 되느니
한 차를 타고 가야지
그리하여 다 제자리로 돌아가
꾸려온 짐 모두 다 풀어 놓고
저 너머에 막힌 길 문턱도 헐고
새로 만나 얼싸안고 비비며
다 함께 사랑을 나누리니
이제 우리 길을 터야지
이 사랑의 손길로.

구름 낀 세상에

생명이 자연에 매었는데
자연이 인간을 품에 안고 있는데
지금의 이 처지는 어떠한지
인간이 자연을 거역하지 않는가
그러니 지구의 생태계가 병을 앓고
오존층이 무너져 대종 없이 더워지니,
그중에 사람의 먹새는 더 늘어나
밥그릇의 절대량이 부족하고
거기에 먹을 물이 문제 될 판인데,

세상의 한편에선
전쟁 대비 핵무기 개발로
인간의 목숨을 겨루기 혈안이 되고 있어
언제나 무엇이 금방 터질 것도 같은데
그러니 한 걸음만 뒤로 물러서서
업장을 녹이고 갠 마음이 돼야지
이대로는 길을 찾을 수가 없어
구름을 거두고 햇빛이나
환하게 밝혀야지.

바람 맞은 나그네

그해 3월 스무하룻날
갈라지는 바다를 보기 위해
사람들은 설레는 가슴으로
모처럼 열차까지 대절하고
남쪽 땅 끝까지 바닷가로
허위허위 찾아가 보았지
바다는 멀쩡한 썰물인 채
흔연히 나그네를 맞는다.

제 모습 그대로인 갯벌이
거친 그 바닥을 들어내고
나그네를 조롱이나 하듯
싸늘하게 불어오는 갯바람에
맥없이 바람 맞은 나그네,
수많은 사람들 그 들뜬 가슴에
헛발로 맥없이 돌아가야 하니
어차피 돌아갈 길이지만
너무도 허탈한 가슴 안고
게 그냥 되돌아가라네.

그래도 제 길을

아침에 나서 보면
출렁이는 어깨들이더니
저녁에 돌아가는 길은
축 늘어진 옷자락
저마다 제 이름을 내 걸고
사람들은 함께 해도 외로워
겹치는 발자국을 밟다가
제 자리로 돌아가
그 뒤를 짚어보면
이 세상에 살던 그가 없고
저녁에 돌아가는 길에는
곧 제가 흔들리니
이 세상은
하루가 다르게 변하는데
사람들은 그래도 제 길을
잘도 찾아 가느니.

굴레 벗기

나 굴레를 벗으면
내 마음이 그저 편하고
내 것에 얽매어 살다 보면
더 쉽게 늙는다네.

친구야, 네 절기를 놓고
굳이 따질 것이 무엇인가
사람이 나이 들면 으레
나 하나로 세우긴 걸

상상이란 언제나
제 모양도 그림자도 없이
시공의 둘레를 벗어난 지경에서
제 날개의 자유를 누리기라.

제 굴레를 벗으면
비로소 숨쉬는 목숨 하나
거기 고개 들고 일어나
제 가슴을 세우리.

산 그리고 바다여

산이여 바다여
너는 너 나름의 삶에 따라
산 그대로 피웠다가 지우고
바다는 제 바다를 누었다 일어나고

사람들은 매양
제 바람에 따라
제 자리 말씀을 따라서
제 가는 길을 가늠해 보지만

산이여 바다여
너는 네 자리로 피고 지고
비바람 눈보라 속에서도
내내 제 무게로 의연한 빛이거니

너의 길은 언제나
산이면 산, 바다면 바다로 족한 삶이라
하지만, 광음이야 몇 겁을 지나도
가슴은 늘 넉넉한 일렁임을…

산이여 바다여
누군가 저들은 늘 바람에 따라
제 말씀 제 허울을 바꾸지만
제 무게는 내내 허공에 떠 있느니

차라리 그 넉넉한 가슴
제 자리로 누웠다 일어나는
거기 일렁이는 바다, 산으로나
그냥 자리하고 싶은 저.

늙은 애기

사람이 늙으면
어린애가 된다고 하더니
그거 참 맹랑하지 않은가 말이어
요새는 그 말이 실감나지 않나
내 이렇게 어려운 때가 되면
'아이고 아파라!'고 이렇게
금새 어린양이 나오는데
내 이런 어린양을 그냥
받아 줄 사람이 없구려.

이 외롭고 쓸쓸한 공간에서
의지할 데 없이 아쉬움만 채어
어느덧 지난 세월
생각의 함정에 빠졌는데
이리도 외로운 사람이어! 너
철없는 어린애로 돌아가
흔연히 응석하고 싶은데
이 어린(어리석은) 내 응석을
받아줄 사람이 없구려!

나이 들어 어른이라 하지만
갈수록 어린애로 되돌아가니
이것이 자연의 순리인가
내 인생을 도리킬 수 없어
나이만 주섬주섬 먹고 보니
어느덧 미수가 돌아오니
차라리 사리 분별 못하는
어린이나 된다면
속이나 편하지.

이 마음은
자꾸만 옛 시절로 돌아가
고향 산천이며 이웃 친구들
지금은 많이도 변한 걸
거기 그때가 참 좋았는데
어찌하여 이리도 삭막한지
지금은 어디 갔나 내 친구들
내 고향 친구들아!

겨울 꽃

봄, 여름, 가을을
제 각각 계절 따라
제 나름의 꽃을 피우더니
잎 떨어진 겨울은
그 쓸쓸한 가지가지
허공에 외롭더니,

하늘이 무심치 않은지라
어느덧 내려 주신 하얀 눈이
온 천지를 휩쓸어 그대로
고요의 극치로 다스리며
가지마다 눈꽃이
송이송이 피었느니.

차라리 겨울은
더 맑은 유리창에 비쳐
그림자로 잠자는 영혼들을
숲 속으로 숨죽여 꿈 다지며
하얗게 눈송이로 꽃 피운
천사의 꽃철이네.

가진 손 비우고

산야의 나무들은
봄이면 눈이 터 꽃피우고
여름엔 푸른 잎 생기에 찬 꿈을 비스리고
가을엔 제 꿈의 열기로 울긋불긋
단풍으로 익혀 품어내고
겨울이면 손 놓고 돌아가
제 고향땅에 눕느니

이렇게 바람 따라
세월 따라 흘러가 변화하듯
이 세상의 모든 목숨들이 흘러가니
사람이 나고 살다 늙고 병들어
돌아가는 그것이
자연 순리일시
이 세상에 꿈을 숨 쉬면서
그새 무얼 손에 쥐고 살아온지
언젠가는 그 가진 손 비우고
바람 따라 가리니,

역사에 묻힌 빛

그 옛날 여기 한반도에
사람 사는 바른 길을 밝히시고
가정과 나라의 법도를 가르치신
그 어른이 역사의 그늘에 계셨으니,

성리학의 진수를 밝히신 도학자요
인간의 도리를 가르치신 교육자요
이상사회 꿈꾸었던 위대한 철인이
사람의 바른 길을 몸소 실천하셨으니,

자신을 낮추어 좀벌레라 이르고
스스로 일두(一蠹)라 호하시니
신(信)과 의(義)로 사시다 가신 어른
그 어른의 사람됨을 알지라.

어려서도 글 읽기를 좋아하고
그의 뜻은 언제나 겸손하며
흉하고 저속한 일 손대지 않고
불의는 언제나 과감하게 물리쳤다.

교유중인 탁영(濯纓)과 사화(史禍)[1]로 이별할 제
그가 일두에게 '정도 지켜 몸조심하시라' 간청하는 말에

'여러 말 하지 마라, 나도 이를 좇아 죽을 것이라'고
하시더니
끝내는 자신도 적소인 '종성'에서 세상을 뜨고 말아,[2]

함양 향유(鄕儒)들이 남계서원(藍溪書院)세우시고
성균관 유생들이 문묘종사(文廟從祀)[3]청하여
선조 9년9월4일에 승무(陞廡)[4] 되시었고

그 어른이 곧 도학의 선구자라
인간은 우주에서 오직 하나 영적 존재로서
이성적 사회적 종교적인 세 특징적 존재라고,

진, 선, 미의 가치를 구현하고
문화 창조 활등으로 보람된 인생을 영위하니
그 속의 질서에는 가정의 효, 국가에 충성하기
그 실천에 주력해야 한다고 설하시니,

온갖 명리 다 떨쳐 버리고
인간의 도를 닦아 천하에 베푸시니
도덕사회 성숙시켜 바른 길로 밝히시며
그 학문에 따라 실천궁행하시고
지행겸전(知行兼全) 하는 그 정신을 크게 살려
대의(大義)를 위해서는 살신성인(殺身成仁) 하시니,

오늘날 인간의 참 모습과
바른 길을 밝혀 주신 민족의 스승이요
이상향을 꿈꾸었던 위대한 참 철인이 아니었나,
그 가려진 참 모습을 다 헤아릴 수 없어
다만 여기 흔적만 더듬어 살피면서
그 학문과 사상과 행적들을
더 밝은 빛으로 비추어서

이 세상의 내일을 더욱
환하게 바른 길로 밝혀 거기
영원한 빛으로 숨 쉬리니.

1) 무오사화(戊午史禍) : 1498년 유자광(柳子光)등의 무고로 김일손(金馹孫) 등이 처형됨.

2) 1504년 갑자사화(甲子士禍) : 정여창 등 선비들이 다른 선비들 무고로 처형됨.

3) 문묘종사(文廟從祀) : 문묘로 올려서 제사를 모시는 일.

4) 승무(陞廡) : 학덕(學德)있는 이를 문묘(文廟)에 올려 합사(合祀)하는 일.

* 정여창(鄭汝昌)선생(本貫-河東)의 추모 사업에 관한 글을 참고함.
 士禍 : 조선시대의 양반들의 세력다툼으로 선비들이 화를 입은 일.
 史禍 : 역사책에 관련된 일에 얽혀서 화를 입은 일.

그래도 꿈꾸기

돌의 변신
구 상 회 第六詩集

牛岐 具湘會 校長
停年紀念 詩文集
황룡재를 넘어서

구름에 실린 바람
具湘會 제4詩集
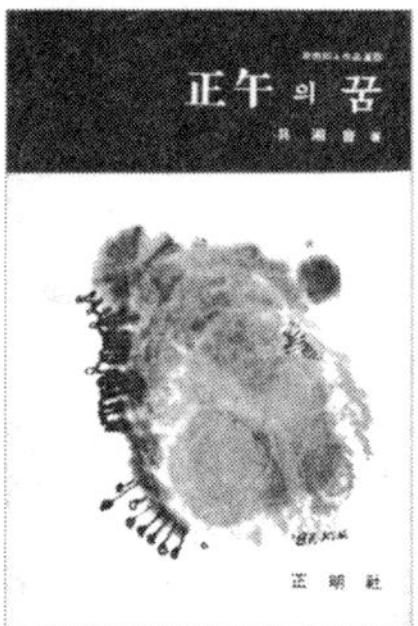
正午의 꿈
正明社
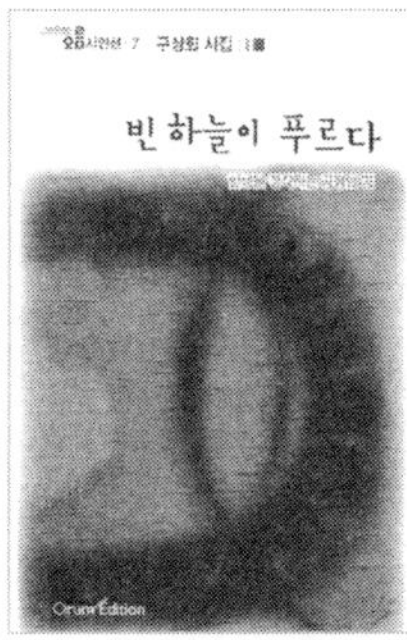
구상회 시집
빈 하늘이 푸르다

빈 하늘 손

具湘會 第3詩集

湖西文化社

화해와 양보의 순리적 깨달음

-『속 깃을 접으며』의 시세계

김용재
시인 · 한국현대시인협회 부이사장

Ⅰ.

구상회 시인은 일찍 교육계에 투신한 이후 1959년 호서문학 제4집에 「연」을 발표하면서 작품활동을 시작하였고 전국의 각종 문예지를 배경으로 50여년 끊임없이 역작을 발표해 왔다. 그러면서 호서문학 주간, 한국자유시인협회 충남지회장, 한국불교문인협회 대전충남지회장, 중도불교문인협회 명예회장 등을 역임했다. 아울러, 작품의 우수성과 문학발전의 공로를 인정받아 대일비호대상, 국민훈장목련장(교육발전공로), 동포문학상, 호서문학상, 한국불교문학상, 대전시문화상(문학부문), 충청문학상, 한국불교문학대상, 한국현대시인상 등을 수상했다.

이 모든 업적을 쌓는 과정에서 시인은 호서문학을 문학의 고향으로 삼고 박희선(1923-1998), 김대현(1920-2004), 선정식

(1938-1995), 김학응(1935-2013), 최송석, 홍순갑, 전 민 시인 등과 각별한 친분을 유지해왔고 필자도 40여년 정이 들어 따뜻하게 그 정을 간직하고 있다.

시인은 이제 열 번째 시집을 상재하는데, 먼저 지금까지 펴낸 시집을 일람해 본다.

구상회 시집 일람 (서문&발문)

<table>
<tr><td>1983『정오의 꿈』</td><td>박희선 · 序文
김용재 · 꿈과 詩心에의 執念</td></tr>
<tr><td>1987『참나무 숲에 남은 눈빛』</td><td>문덕수 · 序文
김용재 · 고향의식과 詩的 리얼리티</td></tr>
<tr><td rowspan="3">1990『불빛머리 나비춤』</td><td>구상회 · 책머리에</td></tr>
<tr><td>박희선 · 뒷머리
- 구상회 시인의 시 작품 공간에 삭여, 그의 시대상황 조건적인 측면</td></tr>
<tr><td>김용재 · 명상과 관조의 카타르시스
-『불빛머리 나비춤』의 시세계</td></tr>
<tr><td rowspan="2">1993『구름에 실린 바람』</td><td>박재삼 · 자기가 발견한 가락으로 다스리는 경지</td></tr>
<tr><td>박명용 · 對應과 和解하기</td></tr>
<tr><td rowspan="4">1994『황룡재를 넘어서』
(정년기념시문집)</td><td>김상선 · 자연과의 합체</td></tr>
<tr><td>이수화 · 영혼주의 시인의 직관세계
- 제5시집『황룡재를 넘어서』를 중심으로</td></tr>
<tr><td>송하섭 · 교훈의 시적 승화</td></tr>
<tr><td>구중회 · 구상회 시집『구름에 실린 바람』
- 바람 즉 존재의 의미</td></tr>
</table>

1997 『돌의 변신』	구상회 · 책머리에
	이규식 · 생명회복으로서의 자연과 사물의 꿈
2002 『그래도 꿈꾸기』	구상회 · 책머리에 (서시-구절초)
	김상선 · 난초향기의 정체 - 구상회의 『그래도 꿈꾸기』
2008 『빈 하늘 손』	구상회 · 서시 - 이 가을잎
	구상회 · 후기 - 책을 펴내면서
2011 『빈 하늘이 푸르다』	구상회 · 시인의 말
	김용재 · 인생을 경작하는 긍정의 힘 - 구상회 시집 『빈 하늘이 푸르다』를 읽고

II.

시집 일람으로 나타난 시심의 관통언어는 꿈 - 눈빛 - 불빛 - 구름 - 바람 - 황룡재 - 돌 - 하늘 등이 주류를 이룬다. 서문이나 발문의 제목에서 보는 주요언어는 꿈 - 고향 - 명상 - 관조 - 대응 - 화해 - 자연 - 영혼 - 직관 - 교훈 - 바람 - 생명 - 향기 - 인생 등이다. 특히 꿈 - 고향 - 자연 - 하늘 - 바람 등의 시어는 진부하면서도 우리 곁을 떠나지 않는 주체적 서정의 내면이다.

이렇게 집약해 볼 때, 구상회 시인은 평생 서정의 내면을 다스리며 낭만적 이상을 꿈꾸어 온 시인이라 말할 수 있을 것이다.

마지막 시집이 될지도 모른다고 시인 스스로 선언한 이번 시집도 크게 예외는 아니다. 그러나 변모의 일면도 없지 않을 것이다. 우선 서시로 표방한 「꿈꾸는 별」을 보자.

꽃밭을 가꾸면서부터
내 가슴 속 푸른 하늘에는
별들이 다가와 안겼느니

그 별들은
제각각 제 나름의 빛깔들로
그 모양새 타고난 천성을 살려
풍성한 꽃 잔치로 어우르니

별 하나에 꽃도 하나
글 꽃으로 하나씩 손길 모아
속가슴에 가꾸어 왔느니

-「꿈꾸는 별」 전문

시인이 꿈꾸는 별은 '내 가슴 속 푸른 하늘'에 다가와 안긴 별이다. 그 별은 제 나름의 빛깔과 타고난 천성을 살려 꽃 잔치를 어우른다. 그 별은 결국 시인이 가꾸어 온 속가슴의 글 꽃인 셈이다.

시인은 평생 가슴 속 꽃밭을 가꾸면서 별처럼 반짝이는 글 꽃을 피워내고 싶었고, 그런 이상향을 버리지 않았을 것이다. 그 결실의 향기는 리얼리티의 얼굴로 분장할 수 있지만 대부분은 낭만의 꿈으로 채색이 되어 있는 것이다.

오늘밤

다 새울 때까지
우리 함께 길동무가 되어서
저 하늘을 거닐며
막힌 속가슴을 풀어놓고
이야기나 하자네

-「내 어린 별들과」 전문

의인화의 수사법을 이용한 별들과의 대화내용이다. 시인과 별과의 길동무, 하늘길 거닐기, 막힌 속가슴 풀기가 주요 내용으로 되어 있다. 사후세계의 상상적 그림일 수 있으나, 현실세계의 낭만적 꿈꾸기가 더 어울릴 것이라 생각해본다.

우리네 아기별을 위해서
그 빛깔 밝은 성장의 날을 빌며
오늘 밤도 저 하늘을 우러러
가슴을 쓰다듬네.

-「아기별을 위해」 끝부분

헐벗고 굶주렸던 지난날의 어린 시절의 모습을 아기별로 상징하며 아기별의 성장을 비는 뜻으로 이 작품이 그려져 있다. 하늘 우러름과 가슴을 쓰다듬는 의지가 아기별의 눈빛으로 빛날까, 기대하는 마음으로 이 시를 감상해 볼 수 있을 것이다.

아, 오늘은
유난히 밝은 별들
여기, 너와 함께 본다니,

그것은 참 숨쉬는 생기일시

거기, 꿈 너머 꿈이여
너와 함께 보개 된
빛, 별이여

-「꿈」 전문

이 시는 단순한 소품으로 보이면서도 착각을 불러올 만큼 모호성을 내포하고 있다. 3행의 「너」와 6행의 「너」의 존재가 별인가, 꿈인가, 나와 함께 있는 연인 급의 상대인가를 따져 보면 어느 하나로 단정 짓는 일이 그렇게 쉽지 않다. 그러나 따져보아야 한다.

이 시의 표제는 「꿈」이다. 꿈은 나의 꿈이고 나와 함께 있는 것이다. 그래서 내가 호칭할 때 꿈은 「너」가 된다. 이 시에서 시인은 꿈과 함께 또는 꿈의 의미로 별을 보고 있다. 별은 참 숨 쉬는 생기이며 빛이다. 시인이 생각하는 초월적 낭만의 세계이다.

그러나 시인은 초월적 낭만의 세계에 머물러 있는 것만은 아니다. 현실로 돌아와 자신을 살피며 세상을 돌아본다. 시심은 또 하나의 꽃에 머문다. 순리의 깨달음으로 다시 빛의 세계를 직시한다.

계절 따라 피어난
저 산야의 꽃들을 보아라.
그 꽃들이 웃는 눈매를 보아라.
그 따스한 가슴을 대 보아라.

거기 꽃 이름이 무엇이든
크고 작은 꽃송이 송이마다
그 가슴에 일렁이는 열기로야
어느 뉘 사랑에 견주리오.

계절의 햇빛 머리
시의 씨앗들이 제 바람에
제 나름의 모양새를 뽐내면서
온 산야에 피어남을 보아라.

그 가슴에 풍기는 향기와
그 눈매에 어린 시의 서기를
더 가까이 몸에 붙여 보아라
숨 쉬는 빛 웃음을.

- 「숨 쉬는 꽃가슴」 전문

계절도 산야도 탓하지 않고 언제나 웃는 눈매, 그 따스한 가슴, 가슴에 일렁이는 열기, 어느 누구와도 견줄 수 없는 사랑 등이 시인이 그리는 꽃의 면모이다. 그러나 그 꽃은 제 바람 제 나름의 모양새를 뽐내며 시의 씨앗들이 피어난 꽃이다. 그래서 그 꽃의 향기와 서기를 몸에 붙여 보라고 한다. 그것은 호흡하는 빛의 웃음인 셈이다. 언어의 기법으로 시 세계를 점유하려는 시대풍조에 휩쓸리지 않고 쉽게 시를 쓴다는 것은 오히려 큰 어려움일 것이다.

이 세상을 살면서
몸 가누기 힘겹거든
계절 따라 피어나는
저 산야의 꽃송이를 보아라.
그 곁으로 가까이 가서
눈 여겨 잘 보아라.
그들 꽃의 이름이야 무엇이든
제 나름의 모양새를 뽐내며
밝은 빛 웃음을 웃고 있어
피어나는 꽃송이 송이를
저 활짝 웃는 웃음꽃을
그 누가 미워할 수 있을까,

그 어디에 어두운 데가 있는가
그 어디에 찡그린 주름살이 있는가
그 어디에 남 미워한 기색이 있는가

그 언제 남 시기한 적 있던가
그 언제 무엇을 탐낸적 있던가
그 언제 성내는 적 있던가
우리의 가슴이 답답할 때
그는 참 고운 것만 보여주는
거기 밝은 웃음이 피어나
제 가슴을 여느니.

-「꽃 가슴을 열고」 전문

「꽃 가슴을 열고」는 꽃을 통한 삶의 화해와 양보가 시의 주제를 이루고 있다. 나이 들어 몸 가누기 힘든 삶이 있다 해도 그 힘든 삶은 단순한 나이 탓만은 아니다. '어둠' '찡그린 주름살' '미워함' '시기함' '탐냄' '성냄', 이러한 요소들이 우리 삶을 힘들게 해왔다. 그럴 때마다 꽃송이 활짝 웃는 웃음을 찾고, 꽃송이 밝은 빛을 찾는 것이 곧 삶의 화해이며 양보인 셈이다.

이 어렵고 힘든 실천의 세계를 시인은 이미 포용하고 주문하며 아름다운 노년을 누리고 있다는 생각이다. 저 활짝 웃는 웃음꽃을 그 누가 미워할 수 있을까.

남새밭 한 모퉁이
귀뚜리가 울대를 튕기더니
목을 풀은 가을 햇살이
코스모스 합성처럼 다투어

여린 내 입술 새로 머물다
길손처럼 스쳐 지나간다
실목을 풀고 선 코스모스
그 목청 가녀림이
무더기로 쓸리는 하늘 가
구름은 멀리만 흘러가고
길목마다 그 햇살은
실목을 돋우어 세우고
어딘가 떠날 준비를 하고 있다

-「길목마다 햇살은」 전문

이 시는 빛과 꽃에 비유된 인생문제가 근엄하게 종착역의 분위기를 자아낸다. 대상을 파악하는 관찰력과 표현력도 훌륭하다.

귀뚜라미가 울대를 튕긴다, 목을 풀은 가을 햇살, 코스모스 함성, 그 목청 가녀림이 무더기로 쓸리는 하늘 가. 실목(실날같이 가는 목)을 돋우어 세운 햇살 등 이만한 싯귀를 보는 것이 그렇게 쉽지는 않을 것이다. 코스모스 함성처럼 다투던 햇살이 내 입술새로 머물던 장년과 실목을 돋우어 세우고 어딘가 떠날 준비를 하는 노년의 햇살의 대비는 시인의 현실을 반추하며 시의 빛으로 남을 것이다. 이제 이 시집의 표제시로 나타난 「속 깃을 접으며」를 살펴본다.

나 오늘
여기까지 오면서
지나온 길이 어이한지
그것이 아쉬워 아쉬워서
거기 뒤를 보아도 뒤 돌아 보아도
돌이킬 수 없어 하느니
그것은
아쉬운 것이라 아쉬워도
그 이미 지나가고
앞으로 갈 길을 가누며
더는 내 아쉬움 없는 길로 하여
설은 내 마음 안 쪽을 찾아
조용히 자리 펴 달래면서
거기 내 속 깃을 더듬어
가슴에 접으리니.

-「속 깃을 접으며」전문

속 깃을 접는다고 할 때 '깃'은 옷깃이며 '속'은 옷 속이라기보다는 마음속이나 가슴 속 등으로 보는 것이 이 시에서는 타당할 듯하다. 옷깃은 장식용 목끈이며, 양복 상의의 접은 깃이며, 셔츠의 칼라 등 의미망이 좁지 않지만, 여기서는 일단 인생살이의 상징으로 볼 수 있다.

'접는다'는 말은 '세운다' '여민다'는 말과 대응해서 비교해 볼 수 있을 것이다. 깃을 세운다(turn up)고 하면, 서게 하고

- 꼿꼿하게 하고 - 곧게 하고 - 접혀지지 않게 하고 등의 의미가 따를 텐데 인생문제에 대입하면 젊은 시절의 일이 될 것이다.

깃을 여민다(adjust)고 하면 단정히 하고 - 조정하고 - 일정한 기준에 맞추고 - 똑바로 하고 - 정리(정돈)하고 등의 의미가 따를 것이고 인생문제로 오면 중년의 일이 될 것이다.

깃을 접는다(fold or furl)는 겹치다 - 싸다 - 포장하다 - 말다 - 걷다 - 버리다 - 끝내다 등 의미가 다양해지는데 인생문제의 노년이나 말년의 일이 될 것이다.

구상회 시인은 인생살이의 깃을 세우고, 깃을 여미고 하는 시절을 지나 지금 깃을 접는 세상에 살고 있다. 그 세상이 힘들고 숨 가쁘고 때로는 비틀거리기도 하지만 마음은 자유롭고 평화롭고 안정을 유지하고 있다고 시심이 전한다.

"더는 내 아쉬움 없는 길로 하여 / 설은 내 마음 안 쪽을 찾아 / 조용히 자리 펴 달래면서 / 거기 내 속 깃을 더듬어 / 가슴에 접으리니." - 이렇게 버릴 것 다 버리고 아쉬움 없이 속 깃을 더듬어 가슴에 접는다고 하였으니, 우리 어찌 우러르지 않을 수 있으랴. 시인 개인의 문제가 아니라 우리의 인생문제로 감동을 불러오는 시가 될 것이다.

Ⅲ.

「한빛탑 아침풍경」「길 닦기」「돌의 사연」「황룡재에 올라서」등 언급하고 싶은 작품이 더 있었는데 너무 늘어질 듯하여 여기서 줄인다.

지금까지 살펴 본 구상회 시인의 시세계는 초월적 낭만의 세계, 순리의 깨달음으로 직시하는 빛의 세계, 빛과 꽃에 비유된 인생문제의 화해 등으로 집약해 볼 수 있을 것이다. 특히 웰빙의 현실적 소망과 웰다잉의 이상 사이에 놓인 간격을 좁혀가는 화해와 양보의 순리적 깨달음은 동시대인들의 가슴에 바람직한 교훈으로 안길 수 있을 것이다.

한 편의 시가 한 두 문장으로 이어지는 적지 않은 시편들에서는 지루하고 답답하고 숨차다는 비평이 따를 수 있겠지만, 느긋하고 안정된 분위기를 형성하는 장중함도 있을 것이다. '그' '이' '저' '여러' 등 관형사의 중복사용이나 '여기' '저기' '거기' '그 곳' 등 대명사의 잦은 활용은 시 기법의 참맛을 감소시킬 수 있는 것이지만 수식의 의미를 강화하고 간접통로의 저변을 확대할 수 있는 것으로 빛날 수도 있을 것이다.

인생을 힘들게 하는 모든 부정적 요인이 잠재한 현실을 평정하고 화해와 양보의 속 깃을 접으며 오래 건강하시길 빈다.